Yf 10"21

OBSERVATIONS
GRAMMATICALES ET MORALES
SUR FIGARO.

OBSERVATIONS
GRAMMATICALES ET MORALES
SUR FIGARO,

Présentées aux Amateurs de la Langue ;

PRÉCÉDÉES

D'un Discours à M. M. les Comédiens ordinaires du Roi,

ET SUIVIES

DE quelques Réflexions sur les trente Volumes des Œuvres de Voltaire, livrés au Public par M. DE BEAUMARCHAIS.

Du séjour de la Vérité, chez l'Ingénu.

M. DCC. LXXXV.

AVANT-PROPOS
De L'Éditeur, qu'il est nécessaire de lire.

DE tous les hommes qui existent, si je ne suis pas le plus malheureux, je suis au moins à plaindre. Forcé de m'exiler des lieux que j'avois choisi pour ma retraite, j'ai mené, depuis trois ans, une vie errante & vagabonde. L'Angleterre, la Hollande, la Prusse, en me récelant dans leur sein, m'ont tendu, successivement, une main secourable. Je ne sais si je dois attribuer à la politique des Cours Etrangeres, plutôt qu'à leur humanité, la maniere gracieuse avec laquelle elles accueillent les talents. Sans me prévaloir de ceux que je dois à la nature & que j'avoue très-foibles, je n'ai pas laissé de jouir, à deux cent lieues de mon pays, des attraits flatteurs d'une considération non suspecte. Malgré cet avantage, l'amour de la patrie, ce sentiment si naturel aux bons Français, ne m'a pas permis de vivre plus long-temps sous le ciel de ces divers horisons. Un soupir poussé vers mes compatriotes, m'a reconcilié avec mes Dieux Pénates. *Vas où tu peux, meurs où tu dois, dit le proverbe: il faut être fidele a cet axiome: la* France fut mon berceau ; n'est-il pas juste qu'elle recueille mes cendres ?

Quelles raisons, me demanderont

peut-être quelques curieux, ont donc pu vous obliger à déserter votre Patrie, pour porter ailleurs vos talents & vos lumieres ? je le répete, mes talents sont bien foibles, & mes lumieres ne sont guere étendues. Je ne saurois pourtant me dissimuler que je suis redevable à cette chaîne d'événements tragiques qui n'a cessé de me brider jusqu'à ce jour, d'une infinité de réflexions que je n'eusse peut-être jamais faites au sein du repos & dans l'aisance du bien-être. Je serois même tenté de croire que la sphere des connoissances humaines s'élargit à mesure que les ressorts de l'esprit se trouvent assiégés par l'infortune. Quoiqu'il en soit, il est démontré que l'honnête homme qui a passé par toutes les étamines du malheur, est ordinairement plus instruit qu'un Sibariste plongé dans le luxe: du moins, n'est-on pas en droit de lui reprocher qu'il a le cœur méchant, ou le caractere atroce. Sensible à l'excès pour tout ce qui porte le cachet de la misere, le juste respect qu'il a pour les malheureux, est un gage non équivoque de la tendre affection qu'il doit avoir pour eux.

Que le Lecteur débonnaire me pardonne ces courtes réflexions, en faveur du zele qui m'anime pour la classe la plus indigente, & sans doute la plus respectable des sociétés civiles; qu'il apprene, enfin, à quels excès de méchanceté une basse jalousie & un vil intérêt sont quelquefois capables de porter les hommes: l'on va voir que j'en suis une victime nouvelle. Beaucoup d'extérieur, peu d'intérieur;

d'intérieur; des vertus apparentes & des vices réels, voilà les qualités caractéristiques de la plupart des individus. Se ipsum deserere turpissimum est : *Un être raisonnable ne doit jamais s'oublier.* J'appelle de cette vérité à PIERRE-AUGUSTIN CARON DE BEAUMARCHAIS. Qu'il sache, cet homme superbe, que je ne connois les serpens de l'envie, que parce qu'ils ont épuisé sur moi leurs traits les plus envénimés. Moins jaloux de la réputation qu'indigné des sourdes menées de mon perfide antagoniste, j'eusse cru mériter une espece de honte, si j'avois laissé échapper l'occasion de me venger avec éclat d'un ennemi qui m'a presque réduit aux portes. Oui, Monsieur, vous m'avez presque réduit aux portes: encore un pas, & je suis à l'hôpital ; non seulement moi, mais mon épouse & mon enfant. Ce n'étoit pas assez, Monsieur, d'un seul infortuné ; il vous falloit trois victimes à la fois. Jouissez donc, si vous le pouvez, jouissez de votre triomphe, sans éprouver des remords ! Sur-tout, ne me faites pas un crime d'avoir fait servir le peu qui me restoit des débris de ma fortune, à la publicité des hauts faits qui vous rendent recommandable.

Vous m'avez tout ravi, desir, tendresse, espoir;
Une juste vengeance est mon dernier devoir.

DISCOURS
A MM. les Comédiens du Roi.

MESSIEURS,

LA profession critique que vous exercez sur le plus savant théatre de la terre, vous met à portée de connoître les écarts du génie, & d'apprécier, avec justesse, le progrès des Beaux-Arts. L'illustre Moliere, ce réformateur du mauvais goût, qui joignoit au double talent de créer & de représenter, le rare avantage d'être juste dans ses expressions & vrai dans ses idées; Moliere, dis-je, qui n'introduisit jamais sur la scene des tableaux révoltants, fut, de l'aveu de tout homme connoisseur, le modele inimitable de la bonne comédie. Nourri, dès son bas âge, de la lecture d'Aristophane, de Plaute & de Terence, il sut cueillir, d'une main délicate, les fruits les moins susceptibles de l'intempérance des saisons. Non moins jaloux de la gloire, qu'admirateur du beau, si cet homme célebre s'appropria quelquefois les richesses de ses maîtres, ce fut moins dans l'intention de corrompre les mœurs, que de les corriger. Le bas jargon des ruelles, les mauvaises pointes, le ridicule jeu des mots ; tout ce vain attirail d'une science servile, n'entra jamais pour rien dans les ingénieux canevas de ses pieces originales : *ridendo castigat mores*.

Nés avec des talents supérieurs, qui vous distinguent, Messieurs, de la classe commune des hommes, comment n'avez-vous pas senti qu'en donnant vigoureusement cours à la FOLLE JOURNÉE, vous portiez à la Langue Française les coups les plus terribles ? Si vous vous rappellez le sujet qui fit naître à Moliere l'idée sublime de ses *Précieuses Ridicules*, vous verrez avec quelles armes il terrassa le mauvais goût qui regnoit alors en France. Quelques génies ultramontains, attachés au service de Cathérine & de Marie de Medicis, en nous étalant un savoir plus voisin de la folie que de la raison, ne sembloient avoir hérité du bas comique d'Aristophane, que pour renchérir sur les indécences & le faux bel-esprit de cet Auteur obscène. De-là ce conflit d'opinions érronées, qui faute de goût & de discernement, firent marier à leurs innovateurs le faux avec le vrai, le juste avec l'injuste.

Permettez-moi, Meſſieurs, d'entrer ici dans quelques détails relatifs à Figaro, afin de vous prouver d'une maniere ſenſible & non équivoque, que le culte du faux ſavoir peut qulquefois aller juſqu'à la démence, & que ſa tradition fatale doit néceſſairement confondre la langue parlée avec la langue écrite. Quelques exemples puiſés dans l'Avertiſſement des Précieuſes Ridicules, ſuffiront pour vous en convaincre. » Ce fut alors, dit l'Editeur, » qu'on appella le bonnet de nuit *le* » *complice innocent du menſonge*, le » chapelet, *une chaîne ſpirituelle* ; » l'eau, *le miroir céleſte*, les filoux, » *les braves incommodes*, &c. &c. » Mettez, Meſſieurs, en parallele le beau jargon de *Figaro*, avec cette tirade du faux bel-eſprit, & blâmez moi, ſi vous l'oſez, d'avoir tenté de

DISCOURS.

tourner en ridicule la plus misérable des productions. Croyez, Messieurs, que tant que l'épidémie du bel-esprit l'emportera, comme dans *la Folle Journée*, sur les lumieres de la raison, l'on blessera toujours la délicatesse d'une Nation aussi polie qu'elle est spirituelle. La fleur légere de l'esprit, une fois montée à un certain degré de licence, il est probable que les mœurs, quelques austeres qu'elles soient, ne tardent pas à se corrompre ; & de la licence au crime, le pas est glissant.

L'arbre de la science, vous le savez, Messieurs, fut planté par LOUIS XIV : serions-nous assez malheureux, pour le voir dégénérer sous LOUIS XVI ? Non, Messieurs, l'Auguste Monarque qui nous gouverne, fait rendre justice au mérite,

& adjuger aux talents une valeur proportionnelle. Intimement persuadé que, de la culture des Beaux-Arts, dépend presque toujours la prospérité des Empires, LOUIS XVI, en les protégeant, ajoute une considération nouvelle au sang des BOURBONS. Déjà son règne nous présage le beau siecle d'Auguste : Il accueille, il flatte, il récompense ceux que l'amour des Lettres aiguillonne, & que la nature fit naître pour le bonheur du monde.

Fin du Discours.

OBSERVATIONS

OBSERVATIONS
GRAMMATICALES ET MORALES
SUR FIGARO,
PRÉSENTÉES AUX AMATEURS
DE LA LANGUE ÉCRITE.

ACTE PREMIER.
SCENE PREMIERE.

FIGARO.

D *ix - neuf pieds fur vingt-six.*

Il faut convenir, Meſſieurs, que ce début eſt noble. Vous m'objecterez, peut-être, que les expreſſions recherchées, ſur-tout dans le bas comique, doivent être proſcrites. A la bonne heure.

L'idée lumineuse de ces six mots, *dix-neuf pieds sur vingt-six*, annonce chaudement le but louable de l'Auteur. Figaro, valet d'un Comte qui porte le nom de Monseigneur Almaviva, & le chaste amant d'une Suzannne, femme de chambre de la Comtesse, digne épouse de Monseigneur, ouvre modestement la scene par une manœuvre des plus savantes. Il ne manque à Figaro, qui tient en main une toise, qu'un compas & la pierre noire, pour tracer à quelques appareilleurs le croquis de ses nouveaux desseins.

Suzanne, son amante, a la maladresse de le surprendre dans ses graves fonctions : elle lui demande, d'un ton railleur, ce qu'il *mesuroit donc là ?*

Vous en douteriez-vous, Messieurs ? C'est un appartement dont la petitesse l'inquiette ; il n'a que dix-neuf pieds sur vingt-six. Seroit-il possible d'y placer un lit assez vaste pour renfermer Monsieur

Figaro & Mademoiselle Suzanne, laquelle porte *un petit chapeau, joli bouquet virginal*, qu'elle fait admirer à son amant, & *qui est doux le matin des nôces, à l'œil amoureux d'un époux* ?

Vous allez dire, Messieurs, que les valets des Comtes & les femmes des Comtesses de notre siecle, employent rarement ces expressions entortillées : elles n'en sont que plus énergiques ; patience, vous en lirez de plus énergiques encore.

Ce pauvre Figaro a cependant pris des mesures inutiles. Mademoiselle Suzanne ne veut pas coucher dans cet appartement, qui, néanmoins, est *le plus commode* du Château. Pourquoi cela, me demanderez-vous ? Parce qu'il communique aux appartements de Monseigneur & de Madame, & que, *zest, en deux pas*, Suzanne est chez sa maîtresse ; & *crac, en trois sauts*, Figaro se trouve dans la chambre de son maître. Bonne raison, répond

Suzanne ; mais auſſi, *zeſt, en deux pas ;* Monſeigneur eſt à ma porte ; *& crac, en trois ſauts.* .... L'honnête agent des plaiſirs du Comte, le Muſicien Bazile, lui répéte chaque jour cette leçon.

Permettez-moi, Meſſieurs, de vous faire une queſtion. Eſt-ce avec les Matelots du *Fier Rodrigue,* jadis *l'Hippopotame,* que l'Auteur a appris à parler un langage auſſi modeſte, digne, à tous égards, de la bouche d'un Crocheteur ? Quoi qu'il en ſoit, le Figaro que, *zeſt,* il ſera bientôt gentilhomme, figurera bien mieux lorſque, *crac,* il deviendra le mépriſable fruit des amours d'une ſervante & d'un Docteur. Son bas jargon décele déjà ſa miſérable origine. O nature ! vous ne vous démentez jamais, en dépit du pinceau de nos élégants Auteurs !

La leçon de muſique que répétoit Suzanne, devoit attirer au pourvoyeur Bazile une forte ſemonce. *Oh ! mon mignon ! s'écrie l'amant, si jamais volée de bois verd, appliquée sur l'échine d'un pédant, a duement redressé la moëlle épiniere de quelqu'un. . . . . .*

Oh ! pour le coup, Messieurs, voilà DES CLARTÉS AU - DESSUS DU VUL‑GAIRE. *Une volée* de bois sec le casse‑roit, apparemment, sur la dure échine de Bazile, & sa moëlle épiniere n'en reste‑roit pas moins courbée. Vive le bois verd pour redresser de la *moëlle*. Lequel seroit préférable, pour redresser le pitoyable lan‑gage de Monsieur CARON ?

Mon Dieu, s'écrie avec raison Suzanne, *que les gens d'esprit sont bêtes.* Quelle vérité, Messieurs ! combien elle est sen‑sible ! J'en ai pour garant l'ingénu, le spirituel Figaro, qui convient qu'on a tort de ne pas le croire.

Suzanne qui soupçonne que son amant n'entend pas à demi mot, s'exprime si énergiquement, que la sotte *tête* de Figaro s'amolit de surprise, & son *front fertilisé*,..... pourroit recevoir *quelques petits boutons*,..... à ce que disent des gens superstitieux.

L'ame honnête de Figaro n'est pourtant pas retenue par *la honte* : ce qu'il souhaite, c'est *un moyen d'attraper ce grand trompeur, en le faisant tomber dans un bon piége*, & d'empocher son or.

Avouez, Messieurs, que l'on ne peut être plus complaisant, & que la leçon que Figaro donne aux époux de son espece, vaut bien celle de Bazile.

Ainsi Monsieur DE BEAUMARCHAIS entend trop parfaitement le jargon des ruelles, pour n'avoir pas le *front fertilsé* de le soutenir jusqu'à la fin de sa Comédie, qui est d'un genre extrêmement moëlleux. Cet Auteur, dit-on, approche de soixante ans. La peste ! quel ribaud ce devoit être dans sa jeunesse ! Quelles mœurs que celles qu'il va continuer de prêcher sur ses treteaux, pour l'instruction de ses sots & libidineux partisans !

Avant de poursuivre mes remarques, il est bon de vous prévenir, Messieurs, que je ne prétends pas suivre aussi rigoureusement toutes les scenes de Figaro, qui déshonore le Théâtre Français. Je me contenterai d'en parcourir les plus saillantes, en gémissant du mauvais goût qui s'est introduit depuis peu sur la Scene Française.

SCENE. II.

FIGARO commence un monologue fort divertissant. Il est si enchanté de Suzanne, qui vient de baiser *ses doigts réunis sur sa bouche, & les déployant ensuite sur son amant,* qu'il s'ecrie qu'elle est une *charmante fille, ... toujours verdissante. . . . . .* (Auroit-elle déjà

(8)

pris cette couleur verte dans les bras du Comte ou de Figaro ?) *mais sage, sage:* il se fâche pourtant de ce que Monseigneur veut transformer la *riante* Suzanne en Dame de lieu ; sa chere personne en *casse cou politique*, & son maître en *compagnon ministre*, qui daigneroit concourir *à l'agrandissement de sa famille*, & faire à la fois deux personnages, celui de maître (du Roi), & celui du valet, (Figaro.) Quant au maître à chanter, Bazile, son *fripon de cadet*, il veut lui apprendre *à clocher devant les boiteux* ; il veut. . . . . Mais non, il revient au *moyen d'attraper le trompeur. . . . . & d'empocher son or.*

Vous riez, Messieurs, & vous me demandez le mot de ces énigmes. Oh ! adressez-vous au Prisonnier de Saint Lazare ; c'est un grand homme d'une fabrique nouvelle : il a été créé exprès pour devenir Hérésiarque en fait de bon sens & de mœurs.

SCENE

SCENE IV.

JE ne sais quelle Marceline qu'il vient dépeindre *méchante en Diable*, dialogue ici avec un lourdaut de Médecin, aux caresses duquel elle doit un *petit Emmanuel*, & prétend que ce Docteur intrigue pour la marier avec le *généreux, généreux* Figaro, qu'il regarde comme *un voleur*, parce qu'il lui a enlevé sa *jeune maîtresse, & volé cent écus*; mais qu'elle venge noblement, en le traitant de *Seigneur toujours gai, jamais fâché*. Elle s'impatiente fort de voir que le Docteur s'intéresse pour Suzanne, qui est une *rusée*.

SCENE V.

SUZANNE, qui a entendu le dialogue, releve d'importance Marceline sa rivale: leurs reproches réciproques sont très-édifrants. L'on foupçonne, en les lifant, la fource où l'Auteur les a puifés. Avançons, de peur que le langage féducteur de Pierre-Auguftin Caron de Beaumarchais, ne nous prévienne en fa faveur.

SCENE. VI.

Vous trouverez peut-être étrange, Meſſieurs, que la chafte Suzanne, après avoir chaudement foutenu, avec Marceline, une converfation des plus importantes, *ne fache plus ce qu'elle venoit faire ?*

Qu'un tel accident ne vous inquiéte point. Les femmes de la trempe de Suzanne, font fujettes aux vapeurs, fufceptibles, par conféquent, de perdre fouvent la tête.

SCENE VII.

ARRIVE ici un petit Page du Comte, très-sémillant, qui soutient avec Suzanne une conversation des plus modestes. Il lui avoue d'abord qu'il brûle d'en conter à Madame, qui est *noble & belle* ; mais *si imposante*. . . . . . Il souhaiteroit, du-moins, faire l'office de Suzanne ; c'est-à-dire, *habiller le matin* la Comtesse, *la déshabiller le soir*. . . . . . Mais il s'en dédommage avec Suzanne qui *l'écoute*, moins que sa *cousine Fanchette* ; tandis qu'à *la vue d'une femme*, il éprouve un sentiment. . . . . . Son visage est en feu : le besoin, ... une femme, une fille. . . . . .

Invitez, Messieurs, les peres & meres à faire lire cette curieuse scene à leurs enfans ; ils y puiseront des maximes édifiantes, & tout-à-fait dignes de les rendre recommandables à la postérité la plus reculée.

SCENE VIII.

A la suite de la décente conversation que le Page, Chérubin, vient de tenir avec Suzanne, notre Auteur toujours zélé pour l'honneur des familles, en encadre une entre le Comte & la femme de chambre, qui doit apprendre aux époux combien il est intéressant que leurs dames se munissent toujours d'une femme de chambre jeune & jolie. Il n'y est question que du *devoir des femmes*. . . . Savez-vous, Messieurs, quel est ce devoir ? vous croiriez que le détail va suivre. Oh ! détrompez-vous. Au lieu de cette leçon, l'on s'étend beaucoup sur certain *droit du Seigneur*, qui fait *de la peine aux filles*, n'est-ce pas ? *Suzon, ce droit charmant, si tu voulois en jaser ce soir au jardin avec moi sur la brune, je mettrois un tel prix à cette légere faveur*...

Il faut avouer, Messieurs, que PIERRE-AUGUSTIN CARON DE BEAUMARCHAIS, a fait, chez la plus vile canaille, un cours d'amour bien digne de sa grande ame, & de son cœur généreux.

SCENE IX.

NE voilà-t-il pas que le maudit maître à chanter, Bazile, vient troubler la fête, & s'égaye sur le fait des amours secrettes du Comte. Il a de plus la noble charité de nous apprendre que, *de toutes les choses sérieuses, le mariage étant la plus bouffone*, il a pensé. . . . . . que le Comte, Chérubin, la Comtesse, la cousine Fanchette & Suzanne, la premiere *Camariste*, ... font. . . . . .

Si vous voulez, Messieurs, vous former une idée nette de la pudique conversation de tous ces misérables personnages, donnez-vous la peine de vous transporter à la Place Maubert, au Carousel, sous les Piliers des Halles, à la Courtille, aux Porcherons ; & , dans tous ces différents endroits , qui ont leurs différents idiomes, vous trouverez de quoi rectifier votre ame, & de quoi nourrir votre esprit.

Monsieur de Beaumarchais , dans sa jeunesse , a probablement fait ses premieres études sous de tels maîtres, puisqu'il possede à fond tous les éléments de leur langue naturelle.

SCENE X.

UNE foule d'Acteurs & d'Actrices figurent dans cette scene qui est très-bizarée. Il y est encore question du *chapeau rouge*, qui fait rougir le Comte..... Suzanne le persiffle sur sa vertu, lorsqu'il débite les plus fortes polissonneries..... Des *vivat* se font entendre à propos de rien. Mons Figaro joue le rôle de jaloux, & prédit au *petit Chérubin*, en l'embrasfant, qu'il ne *rodera plus toute la journée* au quartier des femmes ; plus d'échaudés, plus de goûtés à la créme, plus de mains chaudes, plus de Colin-Maillard. . . . .

Marche à la gloire, ajoute Figaro, & *ne vas pas broncher en chemin, à moins qu'un coup de feu.* . . . . .

Ce *coup de feu*, Messieurs, fait *horreur* à Suzanne, & est d'un *vilain pronostic* pour Madame la Comtesse. N'ont-elles pas raison, au reste ? Ne sait-on pas que les femmes (quoiqu'en dise l'Auteur des Amazones) n'ont de courage que pour s'escrimer en amour.

Une étourdie de Fanchette révele l'intrigue amoureuse du Docteur & de sa Gouvernante. . . . . . Et puis ? . . . . Devinez, Messieurs ? . . . . Le déshonneur de l'Art Dramatique, la décadence du goût & la dépravation des mœurs.

SCENE XI.

JE gliſſe rapidement ſur cette derniere ſcene. *Tant va la cruche à l'eau, qu'à la fin . . . . . . elle s'emplit.* Bon mot: *pas ſi bête*, s'écrie Figaro dans ſon enthouſiaſme. Oh! Monſieur Caron, tant va...... Parodie votre proverbe qui voudra : j'aurois trop à rougir, & je me tais.

ACTE

ACTE SECOND.
SCENE PREMIERE.

VOUS vous imaginez bien, Messieurs, que la scandaleuse Comédie que j'analyse, doit nécessairement développer ses infamies, à mesure que les scenes avancent. Toutes celles de cet Acte présentent un tableau qui fait frémir l'honnêteté. La Comtesse qui, comme on le verra, né gêne pas son cœur, cherche à s'informer des amours du Comte, *dans le plus grand détail.*

Il vouloit donc te séduire, dit-elle à Suzanne ? Oh ! *Monseigneur n'y met pas tant de façons,* répond celle-ci : il vouloit acheter une maîtresse *à beaux deniers comptans.*

Ce premier aveu de Suzanne lui en arrache un second, qui porte sur la Comtesse.

Le petit Page, ajoute-t-elle, *s'exprime, Madame, à votre égard, d'une maniere bien vive. Ah ! Suzanne, me répéte-t-il souvent, qu'elle est noble & belle ! mais qu'elle est imposante !*

Soupçoneriez-vous, Messieurs, que la Comtesse ne veut pas avoir *cet air-là* avec Chérubin ?.... Elle fait entendre, au contraire, qu'elle souffriroit volontiers que *ce petit morveux* osât quelque chose de plus que de *baiser le bas de sa robe*, au lieu de vouloir *toujours embrasser* Suzanne *par contre-coup.*.....

Cette lubrique Comtesse s'exprime ici avec tant de feu, qu'elle fait ouvrir une fenêtre pour respirer le grand air. La jalousie l'étouffe, l'amour la suffoque ; & tout cela est du plus noble comique.

SCENE II.

FIGARO entre à propos sur la scene ; pour justifier le Comte, & donner une idée claire de sa conduite & de ses mœurs; Monseigneur, s'écrie-t-il de la meilleure foi du monde, *trouve une jolie fiancée ; il veut en faire sa maîtresse : qu'y-a-t-il là d'extraordinaire ?*

Convenez, Messieurs, que voilà la leçon toute faite aux Seigneurs dont les épouses ont de jolies femmes de chambre. Figaro, tout complaisant qu'il se montre ici, se propose pourtant de tempérer *l'ardeur* de son maître *sur ses possessions* ; mais le secret dont il veut user pour cet effet, n'est pas un secret commun.

Tenez, dit-il, *pour tempérer l'ardeur des gens de son caractere, il faut leur fouetter le sang ; & c'est ce que les femmes entendent si bien.*

Je ne sais si les femmes dont parle ici le sieur de Beaumarchais, ont en effet ce secret ; mais je voudrois bien savoir celui de *tempérer l'ardeur* d'un caractere, en fouettant le sang. Quel galimathias ! *Risum teneatis amici.*

Ne voilà-t-il pas que la Comtesse prend pour elle cet avis, & s'offense *des soupçons* que cela jette sur sa conduite. *Il y a très-peu de femmes*, répond insolemment Figaro, *avec qui je l'eusse osé* (jetter des soupçons) *de peur de rencontrer juste.*

Avouez, Messieurs, que nos belles Dames, nos Virtuoses, doivent au moins des remerciments à l'honnête Figaro. Il les traite avec assez de dignité, pour mériter d'en être *l'agréable.*

Figaro ne s'en tient pas au secret de *tempérer l'ardeur* du Comte, en lui *fouettant le sang.* Comme il est expert dans tous les genres, il propose à la Fiancée un *rendez-vous* avec Monseigneur. *Oh ! Dame, quand on n'est bonne à rien, & que l'on n'ose rien, on n'avance rien.*

Un méchant s'imagineroit que Figaro

(21)

veut sérieusement que la fiancée se livre au Comte. Point du tout : il lui propose d'envoyer *Chérubin à sa place.* En conséquence il sort, envoye *Chérubin pour l'habiller, le coëffer; & puis, saute Monseigneur.*

L'on ne peut se dissimuler, Messieurs, que toutes ces belles phrases sont écrites avec autant d'élégance que de moralité ! Oh ! Figaro, vous étiez *né pour être Courtisan !* Le sieur Caron est trop heureux de ce que je ne le suis pas : sa *moëlle épiniere* pourroit bien se ressentir de l'outrage qu'il fait à nombre d'honnêtes gens ; & vous, ô Courtisans, que ces impertinences ont fait rire, quel nom doit-on vous donner ?

SCENE III & IV.

LA COMTESSE.

Suzanne, *comme je suis faite !* Ce jeune homme qui va venir.

Vous fussiez-vous imaginé, Messieurs, que cette brave Comtesse auroit été capable de ne pas farder ses sentimens? Plus excitée par l'effervescence du sang, que par le respect de la pudeur, elle ne veut pas, comme l'avoue Suzanne, que le trop aimé Chérubin s'échappe de ses bras sans les honneurs du triomphe. Le drôle ne s'y prend pas mal, puisqu'*avec ses longues paupieres hypocrites*, il se plaint de ce que le Comte (qui en est jaloux) l'envoye faire le *bel Oiseau bleu*.

Pierre-Augustin Caron de Beaumarchais, fait un digne éloge de l'uniforme militaire. Si j'avois l'honneur de connoître tous les Chefs des Régiments de France, je les inviterois à faire payer sur la moele épiniere de Caron, le tribut de reconnoissance que mérite son injurieuse pensée de *bel Oiseau bleu*.

Gnian, gnian, gnian, gnian, dit l'élégante Suzanne. L'*Oiseau bleu* va chanter une belle Romance à l'honneur de Madame ; & Madame fait l'honneur à Chérubin de l'approuver, parce qu'il y a (dans cette Romance) *du sentiment*.

Or, Messieurs, j'appelle de cette Romance à l'équité de vos lumieres ; mais vous êtes de mon avis : vous en abandonnez la décision aux spectateurs ou lecteurs qui en sont pénétrés. Elle est en effet si noble, que les petits polissons la chantent en Chorus dans les rues.

Enfin, le travestissement a lieu. Déjà Chérubin est habillé ; mais *voyez donc*, dit Suzanne à la Comtesse, *comme il est joli en fille ? Je suis jalouse, moi ; voulez-vous bien n'être pas jolie comme ça ?*

Charmante exclamation ! Elle mériteroit seule un commentaire. Je me trompe ; elle a mérité une édifiante gravure que les Badauts admirent & payent avec de l'or. Français ! Français ! serez-vous toujours Welches ?

SCENE V.

LE Comte fait une visite à Madame, dans cet instant critique. Qu'eût-il dit, s'il eût trouvé sous sa main le petit Page *joli comme ça?* Suzanne, qui est une madrée, tire sa maîtresse d'embarras; & Beaumarchais apprend à toutes les femmes de chambre, le moyen de protéger efficacement les amours secrettes de leurs Dames. Si les maris sont contents de cet arrangement, qu'ai-je donc à dire? Rien. J'ai pourtant la démangeaison de parler; mais ce ne sera qu'en faveur des blessés, qui méritent l'attention de l'humanité. Or, écoutez la recette infaillible que l'ami Caron leur donne, par la bouche de Chérubin, pour les guérir.

Prenez le ruban d'une Comtesse, *quand il a serré la tête, touché la peau d'une personne.* . . . . . Ensuite, dites-vous, Messieurs?

Meſſieurs ? Mais demandez cette ſuite à la Comteſſe, qui a dû en *faire l'eſſai à la premiere bleſſure*. . . . . *d'une de ſes femmes*.

L'euſſiez-vous cru, Meſſieurs, que Monſieur de Beaumarchais, déjà grand homme dans plus d'un genre, fût profond dans l'Art de guérir ? Hélas ! répondez, lecteurs modeſtes !

SCENE. VI & VII.

L'ADRESSE de Suzanne ſauve l'honneur de la Comteſſe, & confond la colere du Comte, qui eſt un bon homme non trop fin. Elle fait déguerpir, par la fenêtre, l'amoureux Chérubin. *Ah !* s'écrie-t-elle enſuite, *le petit garnement eſt auſſi leſte que joli*. . . . . . *Si celui-là manque de femmes*. . . . . .

Il eſt à préſumer, Meſſieurs, que Su-

D

zanne est au fait du métier : elle sait de la premiere main ce qu'il faut aux femmes. Donneront-elles leur aveu à l'indiscrétion de Suzanne ? C'est un si de doute.

SCENE VIII & IX.

APRÈS beaucoup de tapage qui déroute la Comtesse, & qui lui fait chercher un sectet que Suzanne vient de détourner, mais que le sot Comte ne pénetre pas, la réconciliation se fait. La Comtesse pardonne à Monseigneur de l'avoir jouée. *Que je suis fâchée*, ajoute-t-elle ; *on ne croira plus à la colere des femmes.* La femme de chambre met le sceau à la réconciliation, par un conseil que les maris doivent suivre. *Laissez-nous prisonnieres sur parole, & vous verrez si nous sommes gens d'honneur.*

Voilà encore, Messieurs, de la morale à la Beaumarchais : convenez qu'elle est sublime !

SCENE XI.

O CRUEL incident ! Un étourdi de Jardinier, Antonio, tenant dans ses mains un pot de giroflée foulée, s'avise de le présenter au Comte. *Faites donc griller les fenêtres qui donnent sur mes couches*, lui dit-il : *tout-à-l'heure, il vient d'y tomber un homme.*

Il est inutile, Messieurs, de s'arrêter aux moyens adroits que Suzanne & son amant employent pour étourdir Antonio, & pour nourrir le pauvre Comte dans la persuasion où il est que Madame est innocente. Il ne sait qu'en penser ; mais il s'écrie *avec dépit : Allons, il sera écrit que je ne saurai rien.*

Je demande, Messieurs, si l'Auteur veut faire entendre ici que tel est le sort d'une infinité d'époux ? Si cela est, je lui demande grace pour quelques-uns ; du moins, pour leurs chastes épouses.

SCÈNE XII.

ICI, le Comte, pour se délasser, sans doute, permet à tous les Paysans l'entrée de son Appartement : en conséquence, il ne s'agit plus des sourdes intrigues de Madame. Figaro & Bazile s'occupent de leurs affaires en présence de Monseigneur, qui est charmé de voir que son valet a un rival dans Bazile, lequel, dit-il, a *des droits sur Marceline*. Le cas est si important, qu'il faut appeller *les gens du Siége*. Bazile, qui est désigné pour cette commission, répond qu'il est *homme a talent*..... que son emploi est *d'enseigner* .... (il se garde de dire ce qu'il a enseigné à Suzanne dès le premier Acte) *à chanter aux femmes, à jouer de la mandoline aux Pages.* . . . .

Un polisson, *petit paturiau de Chevres*, s'offre au Comte, après le refus du superbe Musicien. Celui-ci l'accepte ; mais, ô douleur ! Bazile est condamné à l'amuser en chemin avec ſa guitarre. Bazile devient humble, parce qu'il n'eſt *qu'une cruche*, & qu'il n'a pas *l'air en train de chanter*. Figaro, pour l'égayer, lui propoſe un air de *richeſſe, ſageſſe de ſa Suzon, plon, plon.... en là-mi-là.* Ouvrez, Meſſieurs, Moliere : je vous défie d'y trouver un morceau plus ſpirituel.

SCENE XIII & dernieres.

Tous nos élégans acteurs & les payſans diſparoiſſent ſans dire adieu. La Comteſſe reſte avec Suzanne, pour lui confier ce dont on ſe doute, qu'elle a fait *une ſotte figure*. Au contraire, répond la femme de chambre. Combien *l'uſage du grand monde donne de la facilité à une femme comme il faut, pour mentir ſans qu'il y paroiſſe*. Ma foi, Meſdames, ſi vous manquez de principes, vous les trouverez ici pour couvrir vos infidélités, & pour...... Je n'oſe achever : quel monſtre, que le donneur de ces réflexions!

La scene du petit Chérubin, sauvé par l'adresse de Suzanne, dégoûte la Comtesse du moyen de surprendre son mari, comme elle a risqué d'en être surprise. Elle propose à Suzanne d'aller, elle-même, au *rendez-vous*. Celle-ci, qui pense encore à Figaro, fait la difficile; & Madame se détermine à représenter, en personne, le petit Chérubin, habillé, coëffé en fille, & *joli comme ça*. Ce plan est approuvé de la femme de chambre, qui en conclut que *son mariage est assuré*.

Tous ces morceaux, Messieurs, tout décousus qu'ils sont, développent à merveille le but de Monsieur Caron: on y découvre à la fois ses perfidies & sa honte.

Fin du second Acte.

ACTE TROISIEME.
SCENE PREMIERE.

Dans ce troisieme Acte, le Comte fait partir un courier, pour s'assurer de l'absence du petit Page : il fait de nouvelles réflexions sur l'aventure de l'homme sauté sur ses giroflées. *Où diable a-t-on été placer son honneur*, s'écrie-t-il ? En voyant Figaro qui se présente, il croit que celui-ci va lui rendre *le fil* d'une intrigue *qui lui échappe* ; mais *l'insidieux valet* s'en tire en valet fidele. Le Comte croit l'intimider, en le menaçant de lui faire épouser la vieille Marceline. Figaro la refuse hardiment. A-t-il tort ? *puisque Monseigneur ne se fait pas scrupule de lui souffler toutes les jeunes, pourquoi se feroit-il un crime de refuser une vieille ?*

Zest, en deux mots ; crac, en trois sauts, voilà Monseigneur payé en bonne monnoye.

SCENE IV & V.

CEPENDANT tout est prêt pour juger la cause. Figaro l'assure & disparoît, sans que je sache pourquoi; à moins que ce ne soit pour donner au Comte le temps de dire que ce drôle-là le *serre, l'entortille....* Ah! *frippon & fripponne, vous vous entendiez pour me tromper....* Mais je me trompe moi-même; il faut bien que Figaro soit absent, pour que le Comte ait la facilité de s'entretenir très-modestement avec Suzanne, dont, *avec un grain de caprice, il raffollera....* Qu'elle est *charmante!* Où prend-elle tout ce qu'elle dit? S'il l'avoit eue sans débats, elle auroit été mille fois moins piquante.

Après des propos aussi doucereux, vous vous doutez bien, Messieurs, que Monseigneur s'imagine tenir Suzanne, pour faire valoir, avec elle, *le droit du Seigneur.*

L'on ne peut mieux apprendre aux Demoiselles, l'art de minauder avec un maître entreprenant.

Ah! Caron, Caron, quæ te dementia cepit?

SCENE VI & VII.

FIGARO reparoît, & la fidelle Suzanne l'amene, pour lui rendre compte du dialogue de la scene précédente. Apparemment que le Comte, en revenant sur le théatre, a entendu les premiers mots de Suzanne: ils l'intriguent; il se décide à faire rendre un *bon Arrêt là* . . . . *bien juste*, parce que rien n'est plus juste, sans doute, que de séduire une fiancée.

Antonio, l'oncle de Suzanne, & qui est pêtri *d'un noble orgueil*, soutiendra sûrement ses prétentions. *Après tout, dans le vaste champ de l'intrigue, il faut tout cultiver, jusqu'à la vanité d'un sot.*

(34)

Monsieur de Beaumarchais devroit bien donner, Messieurs, une culture plus décente à son imagination, sans entortiller notre jugement *dans le vaste champ de l'intrigue.*

SCENE VIII, *jusqu'à la derniere.*

ICI commence le procès de Figaro & de Marceline, qu'on veut lui faire épouser. Le Juge, qui est un imbécille, & qu'on nomme, à juste titre, *Bride-Oison*, entend d'abord le Docteur & sa gouvernante. Figaro, qui se présente, & qui *n'est pa-as si bête que l'a-avoit cru d'a-abord* le sot Juge, commence par se défendre avec des quolibets, qu'il soutient long-temps. Enfin, son nom de baptême qu'il est interpellé de dire, est *a-anonime*, & tout son individu est gentilhomme.

La cause est appellée entre Nicole Marceline de Verte Allure, & le gentilhomme anonyme Figaro. Une syllabe fait tout le sujet de la dispute. Il s'agit d'abord d'un *ou* ou d'un *&*; puis, de la seule syllabe *ou*, que le Docteur plaidant *contre l'usage*, prétend être copulative, & Figaro alternative. Sur cela, Monsieur le Docteur & l'intimé Figaro, débitent du savoir & se disent de nobles injures.

Toute cette scene, Messieurs, est si admirable, qu'on a crû devoir la représenter sur une belle gravure que je n'acheterai point. Le Comte qui mene Bride-Oison, & qui est à la tête de sa savante justice, fait perdre à Figaro un procès qui se terminera bientôt en sa faveur. Attendez le dénouement.

Vous me demanderez peut-être, Messieurs, qui a fait perdre d'abord à Figaro ce procès? ne voyez-vous pas que *c'est ce gros enflé de Conseiller.*

Monsieur le Comte, de crainte *d'injustice*, demande à Figaro qu'il nomme *ses nobles parents*, dont il croit le consentement nécessaire pour se marier. Figaro, qui les cherche depuis quinze ans, les ignore encore ; mais un *hieroglyphe à son bras droit*, lui fait seulement soupçonner qu'il étoit un enfant précieux.

Fin du troisieme Acte.

ACTE QUATRIEME.
SCENE PREMIERE.

FIGARO complimente Suzanne sur la reconnoissance précédente, & transforme *un diable déchaîné contre lui, une furie acharnée, en la meilleure des meres.* Vous demeurez transis de surprise, Messieurs ? ne voyez-vous pas que tout cela est dans la nature ? voilà Figaro remis dans son état, & rendu à des parents qui *sont suffisants pour lui*, qui n'a pas la vanité des riches. Ainsi, il a perdu de vue le plaisir qu'il se promettoit *d'empocher l'or* de son maître. L'on ne devineroit pas que cette tendre conversation aboutit à demander à Suzanne la permission de prendre *la place de la folie*, & d'être *le seul qui conduise* l'amour *à sa jolie mignone porte ?*

Ne faut-il pas, Messieurs, avoir un

front d'acier, pour oſer prendre ce ton d'impudence ſur un théatre public? mais Figaro s'eſt déjà aſſez bien montré: il nous réſerve encore d'autres poliſſonneries de ſa façon. Il ſe contente ici d'exiger qu'elle n'aille pas au *rendez-vous* du Comte, & qu'elle n'aime que ſon mari: elle en donne ſa parolle, & ſi elle la tient, elle fera *une belle exception à l'uſage.* Si Figaro ne ſuffit pas, Meſſieurs, pour qu'on l'en croye ſur ſa parolle, vous entendrez bientôt ſon maitre parler le même langage, & rendre juſtice aux mariages. Nous devons les en remercier pour tous les époux.

SCENE II & III.

DE qui parle ici la Comteſſe? je l'ignore. Je ſais ſeulement qu'elle envoye Figaro au Comte, & qu'elle retient Suzanne, pour lui dire que puiſqu'elle ſe refuſe au rendez-vous, Madame projette de s'y rendre à ſa place; & puis, elle lui fait écrire le commencement d'un rendez-vous nouveau. Elle donne à Suzanne une épingle, pour cacheter le billet, ce qui est une nouvelle espece de cachet, & laisse tomber un ruban qu'elle attachoit; mais ce ruban que l'on apperçoit à terre est ensanglanté (cette belle tache étoit due au petit Chérubin.) Donc Madame ne doit plus le porter; elle le destine à Fanchette, qui lui apporte un bouquet, accompagnée de Chérubin habillé en fille, qu'elle embrasse; ce qui ouvre la bouche du petit drôle, & lui fait dire un mot, seul capable de le trahir, s'il ne l'avoit pas desiré.

SCENE IV & V.

ANTONIO, qui vient d'arriver, reconnoît Chérubin; &, en dépit de son déguisement, il le présente au Comte: *voilà*, dit-il, *votre Officier*. Nouveau sujet de jalousie pour le Comte & de reproches réciproques entre lui & la Comtesse. Un mensonge la tire d'affaire, & Fanchette l'appuye. *Ah! Monseigneur, quand vous me dites, tiens, petite Fanchette, si tu veux m'aimer, je te donnerai tout ce que tu voudras....* Eh bien! Messieurs les Comtes, voilà de fortes instructions: Madame la Comtesse y trouve son compte, parce que cela couvre son infamie, & lui donne le droit de se venger. Ah! *Madame la Comtesse sait bien que lorsque les jeunes filles ont une fois pris l'essor...* Seroit-ce un avis que le Sieur Caron donne ici aux meres, ou une invitation aux *jeunes filles* de prendre l'essor? la pudeur dont l'Auteur fait une profession publique dans toute la piece, me fait furieusement craindre que son intention ne soit perverse. Mais je souhaite de me tromper.

SCENE VI, jusqu'à la dixieme.

Nous voilà encore revenus, Messieurs, au saut par la fenêtre, à l'éternel petit Page, à du bavardage qui multiplie les scenes. Allons

lons, mes belles.... Ah! ça, vous-autres....; Ah! çà, finirons-nous? Toute cette scene est pleine, Messieurs, de ces élégances. On n'a pas dormi, dit-on, dans les premieres loges? Quel malheur! Pour moi, je m'ennuye beaucoup, en lisant tant de pesantes phrases. Enfin, *voilà les violons & les Cornemuses* qui.... appellent: peut-être allons-nous nous réveiller.

La septieme & huitieme scene ne valent pas, Messieurs, la peine d'être lues, à moins qu'on ne veuille faire un second sacrifice à l'ennui. Heureusement, il ne sera pas long; les restes de ces scenes ne remplissent qu'une page; mais, en récompense, il y a beaucoup d'apprêts pour la suivante. C'est une nôce qui entre, mais une nôce singuliere, où il y a des Huissiers, des Magistrats, un cortege nombreux, & des arrangemens qu'il faut lire, si l'on n'a pas la patience d'en voir la représentation sur le théatre : venons au fait. Tandis que le Comte met sur la tête de Suzanne un chapeau, celle-ci lui glisse le billet

E

de la troisieme scene, qu'il cache d'abord avec précaution, & qu'il montre ensuite si étourdiment, qu'*il se pique jusqu'au sang* avec le cachet, c'est-à-dire, avec l'épingle. *Les femmes*, dit-il, *fourrent des épingles par-tout*. Figaro voit le billet, lâche à cette vue une pagnoterie.... &c. Prenez garde à vous; il faut *des gardes à la porte*, s'écrie l'Huissier. Qu'y-a-t-il donc de nouveau ? quelque ami de cette belle nôce vient-il la troubler ? Eh ! c'est le Musicien Bazile, qui marche *avec un village entier*, en chantant un Vaudeville qu'il répete à *trois fois*, tant l'on est charmé de ce beau morceau. Mais d'où vient cette gaieté si vive de Bazile? c'est qu'il pense à Marceline dont il *demande la main*, & que Figaro lui défend d'aproximer, sous peine de.... Apparemment de dire & de recevoir des injures de crocheteur; car l'un & l'autre ne les épargnent pas. Bazile, qui s'en est pourtant assez donné, se dépite & se retire en déclarant *que tant que Monsieur* (Figaro) *sera quelque chose ici, lui* (Bazile) *n'y sera plus rien*.

SCENE XI & XII.

SOUVENEZ-vous, Messieurs, du *rendez-vous*. C'est *sous la grande allée des marronniers* qu'on le donnoit. Ne voilà-t-il pas que Grippe-Soleil, *petit Patriret*, parle de préparer sous ces maroniers le feu d'artifice qui doit rejouir toute la nôce ? Jugez si le Comte est satisfait : cette étourderie dérange l'ordre & l'heure de ses amours ; mais il est trop rusé pour se décéler. A la place de la grande allée, il désigne *la terrasse*, qui est *devant les fenêtres* de la Comtesse, afin qu'elle le voye sans s'incommoder. Il est complaisant, ce Comte ; mais je souhaite que les maris n'en imitent ni ce trait d'attention, ni bien d'autres. Figaro, qui est surpris, affecte néanmoins de n'être point jaloux du procédé du Comte avec Suzanne, à laquelle il *pardonne d'avance* de le tromper *un jour* ; mais, comme il l'avoue, *elle aura fort à faire auparavant*. Vous êtes donc jaloux, Monsieur Figaro ?

SCENE XIII & dernieres.

CEs trois scenes nous apprennent, Messieurs, que Fanchette rapporte à Suzanne son épingle, en prenant *garde que personne ne la voye*; que Figaro qui l'interroge, demeure toujours jaloux; que Marceline qui *a raison, toujours raison*, se mocque de la *Philosophie* imperturbable de son fils, & nous apprend comment les hommes sont la dupe des femmes. *Nous autres femmes, dit-elle, lorsqu'une injure personnelle ne nous anime pas les unes contre les autres, nous sommes assez portées à défendre nos intérêts communs contre ce terrible & pourtant un peu nigaud de sexe masculin......* O hommes vulgaires, apprenez ici le secret des femmes & le trait *camétéristique* de votre espece. Le sieur Caron vous traite noblemet; ne l'en remercirez-vous pas? Avouez au moins que toutes ces scenes sont puériles, dégoûtantes, dérisoires de nos mœurs & du sens commun.

Fin du quatrieme Acte.

ACTE CINQUIEME.

SCENE PREMIERE.

PRENONS un peu l'air, Messieurs, dans le jardin : nous avons besoin de nous rafraîchir, après la sueur qu'a dû nous causer l'impatience de lire les Actes précédents. Auriez-vous cru que le petit Page fût l'amant de toutes les femmes de cette Comédie ? La Comtesse & la soubrette en ont la tête affolée. La jeune Fanchette avoue ici qu'elle n'a souffert les questions des gens du Comte, que dans l'espoir d'en être payée *par un fier baiser toujours....* quand elle lui présentera l'orange qu'elle lui apporte.

SCENE II. & III.

BON soir.,... Quelle heure est-il ?..... dit & demande Figaro, qui *a l'air d'un Conspirateur.* En un mot, Figaro n'est pas un sot ; *il s'appelle verte allure du chef honoré de sa mere* ; *il a le Diable au corps.* Quelles expressions ! combien elles sont nobles ! Poursuivons. Figaro jure contre le Comte qui le joue ; il analyse sa naissance, la raison de sa très-haute Seigneurie ; & puis, il m'assassine de ses intrigues, de ses états divers, de ses fripponneries, de ses sarcasmes, de ses pesantes pointes & des éloges outrés qu'il se donne....... *Enfin, il se croyoit désabusé. Ah ! Suzon, que tu me causes de chagrins !* Ah ! Monsieur de Beaumarchais, que vous me causez d'impatiences & d'ennui !

SCENE IV, jusqu'à la IX.

JE n'ai pas la force, Messieurs, de rapprocher ici toutes les impertinentes polissonneries que le déguisement de la Comtesse & de Suzanne font dire aux Acteurs de toutes ces scenes. Contentons-nous de rire ou plutôt de gémir des infames avances que le jaloux Figaro fait à Suzanne, qu'il prend pour la Comtesse, & des tendres soufflets qu'elle donne à son jaloux. *Il en pleut*, lui dit Suzanne; mais Figaro répond que *les siens sont des bijoux*; &, *ventre à terre*, il court demander pardon à son amante.

Le Comte trompé lui-même par le travestissement de Suzanne, qu'il prend à son tour pour la Comtesse, veut tirer l'épée contre le doucereux Figaro, qui affecte d'embrasser la fausse Comtesse......, *O ciel ! il est sans armes !* Il n'en juge pas moins que la Comtesse est coupable...... Tout se découvre enfin.

SCENE XI.

ICI, Monsieur le Comte va s'occuper de sa vengeance : il fait entourer par ses gens l'homme de bien, Figaro, & l'interroge. Lisez, Messieurs, l'interrogatoire, les réflexions de l'imbécille Bride-Oison, que le hazard a conduit ici ; lisez les fins propos qu'occasionnent le déguisement prouvé de la Comtesse & de Suzanne, & le reste de cette derniere scene qui me semble un peu bête ; lisez enfin avec le même sens froid que moi cette Comédie tant prônée, & dites-moi, après votre lecture réfléchie, quel en est le but ? Je n'y vois rien de semblable à toutes celles qui l'ont précédée, & qui du moins font dire : L'Auteur a rempli un tel plan. Le seul que je découvre ici, me paroît être une censure des bonnes mœurs, une leçon d'amourette, de scandaleuses intrigues, & des plus infames conversations. Pour vous en convaincre encore, voyez le brillant Vaudeville qui termine cette Comédie, & que j'ai eu le zele de réfléchir, pour lui opposer des Stances que respecteront toutes les personnes honnêtes, & qui s'indigneront avec moi de l'audace inouie de Beaumarchais.

Fin du dernier Acte.

PARODIE

PARODIE
DU VAUDEVILLE
DE FIGARO.

BAZILE.

Cœurs sensibles, cœurs fideles,
Qui blâmez l'amour léger,
Cessez vos plaintes cruelles :
Est-ce un crime de changer ?
Si l'amour porte des ailes,
N'est-ce pas pour voltiger,
N'est-ce pas pour voltiger,
N'est-ce pas pour voltiger ?

PARODIE.

Vous, qu'un pur amour inspire,
Blâmez la légéreté ;
Vous, pour qui l'homme respire,
Aimez la sincérité.
L'inconstance est un délire
Produit par l'oisiveté,
Produit par l'oisiveté,
Produit par l'oisiveté.

LE COMTE.

D'une femme de Province,
A qui les devoirs sont chers,
Le succès est assez mince :
Vive la femme aux grands airs !
Semblable à l'écu du Prince,
Sous le coin d'un seul époux,
Elle sert au bien de tous.

PARODIE.

Une femme prude & sage
Connoit les loix de l'honneur ;
Mais le crime est le partage
D'une femme sans pudeur.
Fille du libertinage,
Dans de honteuses amours
Elle coule ses beaux jours.

SUZANNE.

Qu'un mari sa foi trahisse,
Il s'en vante, & chacun rit ;
Qu'une femme ait un caprice,
S'il l'accuse on la punit :
De cette absurde injustice
Faut-il dire le pourquoi ?
Les plus forts ont fait la loi.

PARODIE.

Un mari se déshonore
Lorsqu'il viole la loi.
Une femme est pis encore,
Lorsqu'elle manque à sa foi.
Mais du feu qui nous dévore,
C'est moins la faute des cœurs
Que le vice de nos mœurs.

ANTONIO.

Chacun sait la tendre mere
Dont il a reçu le jour ;
Tout le reste est un mystere ;
C'est le secret de l'amour :
Ce secret met en lumiere,
Comment le fils d'un butor,
Vaut souvent son pesant d'or.

PARODIE.

Pourquoi de l'incontinence
Vanter les obscénités ?
Pourquoi des femmes de France
Peindre les lubricités ?
Elles ont de la décence,
Et nous nous avillissons,
Quand nous les déshonorons.

BAZILE.

Jean Jeannot, jaloux risible,
Veut unir femme & repos ;
Il achete un chien terrible,
Et le lâche en son enclos :
La nuit quel vacarme horrible !
Le chien court ; tout est mordu,
Hors l'amant qui l'a vendu.

PARODIE.

Que Jeannot, de son amante
Par fois se montre jaloux,
C'est qu'une flamme constante
Doit unir les vrais époux ;
Mais qu'un gros chien l'épouvente,
Qu'il morde à tort, à travers,
C'est le comble du revers.

FANCHETTE.

Robin me dit en cachette :
Si l'amour t'étoit connu,
Que ton sein, jeune Fanchette,
De plaisir seroit ému.
Dans tous les yeux il te guette,
Je l'ai donc vu, cher Robin,
Dans les yeux de Chérubin.

PARODIE.

La tendresse véritable
Gît dans des amours décents ;
Et rien n'est plus respectable
Que l'homme à grands sentiments.
On seroit bien misérable,
S'il n'existoit que *Robins*,
Fanchettes & *Chérubins*.

FIGARO.

Quand le mal n'est pas extrême,
Fermons l'œil à la rigueur,
Sur les torts de qui nous aime ;
Et disons, dans notre cœur :
Si chacun rentre en soi-même,
Nul mortel, de bonne foi,
N'est homme de bien pour soi.

PARODIE.

Petits maux souvent amenent
De grandes calamités,
Et quelquefois ils entraînent
De noires atrocités.
Ceux que les vices enchaînent,
Sont d'insignes malheureux,
Des cœurs bas & dangereux.

BAZILE.

Triple dot, femme superbe,
Que de biens pour un époux!
D'un Seigneur d'un Page imberbe,
Quelque sot seroit jaloux.
Du latin d'un vieux proverbe
L'Homme adroit fait son profit,
Gaudeant bene nati ....

PARODIE.

C'est, sans doute, un avantage
D'être doré richement;
Mais, sans être Noble ou Page,
L'on peut avoir du talent.
De l'esprit je fais usage
Pour en corriger l'abus,
Et sine libro doctus.

BRIDE-OISON.

Or, Messieurs, la Comédie,
Que l'on juge en cet instant,
Sauf erreur, nous peint la vie
du bon peuple qui l'entend :
Qu'on l'opprime, il peste, il crie;
Il s'agite en cent façons,
Tout finit par des chansons.

PARODIE.

Une bonne Comédie
Sert de correctif aux mœurs :
L'on ne peut plaire à Thalie,
Quand on blesse tous les cœurs.
Parler, avec ironie,
Des petits comme des grands,
C'est affronter le bon sens.

CHÉRUBIN.

Sexe aimé, sexe volage,
Qui tourmentez nos beaux jours,
Si de vous chacun dit rage,
Chacun vous revient toujours.
Le parterre est votre image :
Tel paroît le dédaigner,
Qui fait tout pour le gagner.

PARODIE.

Soyons modestes & sages
Dans nos sémillants écrits,
Ou craignons les persifflages
Des Savants, des Erudits.
Pour mériter les suffrages
Du Parterre clair-voyant,
Il faut parler décemment.

La Comtesse

Telle est fiere & répond d'elle,
Qui n'aime que son mari
Telle autre presqu'infidele,
Jure de n'avoir que lui.
La moins folle, helas! est celle
Qui se veille en son lien,
Sans oser jurer de rien.

Parodie.

Tel qui de l'impertinence
Affiche en tous lieux les airs,
Usant de trop de licence,
Se voit bientôt dans les fers.
Tel qui de sa bienfaisance
Nous étale le jargon,
Fort souvent n'est qu'un frippon.

Figaro.

Par le sort de la naissance,
L'un est Roi, l'autre est berger;
Le hazard fit leur distance,
L'esprit seul peut tout changer.
De vingt Rois que l'on encense,
Le trépas brise l'autel,
Et Voltaire est immortel.

PARODIE.

Parlons des Rois & Reines
Avec un tendre respect :
Rendons aux Cours Souveraines
Un hommage non suspect.
Nous avons preuves certaines
Qu'on ne peut être *immortel*,
S'étant rendu criminel. (*)

SUZANNE.

Si ce gai, ce fol ouvrage,
Renfermoit quelque leçon ;
En faveur du badinage,
Faites grace à la raison :
Ainsi la nature sage,
Nous conduit dans nos desirs,
A son but par les plaisirs.

(*) Il est reçu, en morale comme en politique, que tout homme qui se déchaine contre toute espece de culte, se rend coupable envers la Société. Quelles horreurs Monsieur de Voltaire n'a-t-il pas vomi contre la Religion ? Est-ce à un tel homme qu'on doit déférer les honneurs de l'immortalité ?

PARODIE.

Le savoir n'est admirable,
dans le plus sublime Auteur,
Qu'autant qu'il est estimable,
Qu'il plaît à l'esprit, au cœur;
Mais est-on bien pardonnable,
Lorsqu'on étale un jargon
Qui n'a ni sens, ni raison?

Fin de la Parodie.

AVERTISSEMENT.

Ceux qui ont quelque connoissance d'un Ecrit imprimé à Bouillon en 1782, & qui a pour titre: Lettre D'un Alfacien à fon Ami, Soufcripteur des Œuvres complettes de M. de Voltaire, *avec les Caracteres de* Baskerville, *s'appercevront aifément que je me fuis autant attaché à rajeunir les idées d'une femblable production, qu'à les embellir de quelques nouveaux traits de lumiere.*

Des raifons particulieres, jointes à la fotte confidération qu'on avoit alors pour M. de Beaumarchais, *empêcherent qu'on ne donnât cours à la publicité d'un tel Ouvrage ; mais les temps & les circonstances n'étant plus les mêmes, je me crois d'autant plus pardonnable d'avoir produit au grand jour le résumé de cette lettre, que je ne sache pas m'être rendu digne des vexations inouies que m'a fait éprouver* M. CARON.

Le Ciel est juste : enfin, je goûte la douceur
De pouvoir me venger de mon persécuteur.

A Monsieur de BEAUMARCHAIS.

COMMENT peut-il se faire, Monsieur, qu'un zélé partisan du plus grand génie dont la France s'honore; un amateur du beau dans tous les genres, se soit avili au point de tromper aussi grossiérement le public que vous l'avez fait?

Par quelle étrange fatalité que que je ne puis comprendre, l'édition complette des Œuvres de Voltaire, qu'on a imprimées par vos ordres au Fort de Kehl, & pour laquelle vous ne deviez épargner ni soins, ni peines, ni travaux; par quelle fatalité, dis-je, cette riche Collection si long-temps attendue & toujours différée, ne répond-elle pas aux promesses brillantes que vous aviez faites, dans vos Prospectus, aux honnêtes Souscripteurs qui vous supposoient de bonne foi ?

Chacun d'eux se croyoit en droit, Monsieur, de devenir possesseur d'un monument élevé à la gloire de l'homme illustre que vous avez tant prôné. Chacun d'eux s'imaginoit que ce monument (& vous l'aviez annoncé vous-même) devoit rehausser la gloire de Voltaire, illustrer sa nation, & honorer son siecle ; mais chacun, comme il appert, demeure étrangement surpris de ne trouver, dans votre dire, que des mensonges impudens, & un charlatanisme outré.

Le goût éclairé que l'on vous connoît pour les Beaux-Arts ; cette sagesse admirable qui vous conduit dans toutes vos entreprises ; versé, Monsieur, comme vous l'êtes, dans les plus hautes spéculations, tous ces avantages réunis, ne sembloient laisser à vos Souscripteurs aucun doute sur la possibilité de leur donner un Chef-d'Œuvre Typographique ; mais moins jaloux, sans doute, de justifier la confiance qu'on avoit mise en vous, que de leurrer effrontément la partie la plus éclairée du public, vous avez fait consister votre gloire à mettre plus de faste dans la publicité d'un tel Ouvrage, que d'exactitude à remplir les engagemens contractés avec tous vos Souscripteurs.

Promettre est un, & tenir un autre, a dit le bon Lafontaine : une aussi juste réflexion ne se trouve, malheureusement, que trop confirmée. Les trente volumes déjà livrés au public, qui font partie de l'immortelle Collection de Voltaire, viennent justement à l'appui de cette vérité sensible.

Dans l'Avis Préliminaire qui se trouve en tête de votre Prospectus, vous annoncez, Monsieur, que l'acquisition que vous avez faite en Angleterre des caracteres de *Baskerville* devient importante, par l'exclusif emploi que vous devez en faire aux Editions des grands Auteurs de plusieurs Nations. Vous ajoutez, avec emphase, que tel est votre plan; que tel sera l'objet de vos soins; que vous en faites le premier hommage à Monsieur de Voltaire,

Voltaire par la raison que c'est le sentiment douloureux de sa perte, & l'énorme abus que l'on a fait de ses Ouvrages, qui vous a inspiré l'idée d'une telle entreprise, & qui a uni à vos desseins des hommes de lettres & des amateurs distingués.

Voilà ce qu'on appelle jetter de la poudre aux yeux du Public, afin de l'aveugler & d'attraper son argent. Oh! pour le coup, c'est un vrai tour à la Figaro. Ces mêmes caracteres de *Baskerville*, qui ne devoient servir qu'à nous rendre plus chere la mémoire des Auteurs célebres qui se sont fait un nom dans la république des lettres, ont pourtant servi, antérieurement, à l'impression de quelques Mémoires volumineux de Monsieur Hoffman,

Négociant à Agnau; à celle d'une infinité de Comédies traduites de l'Allemand, telles que *Les Juifs*, *Pas plus de six Plats*, *La Piété Filiale*, *Le Comte de Valtron*; à celle de plusieurs *Factums* qui ont été distribués à Strasbourg; à celle de quelques exemplaires de *l'Exposé des changements à faire au Palais Royal*; en un mot, à la majeure partie des Ouvrages de Jean-Jacques Rousseau, &c, &c, &c.

Tout bien compté, vous avez gagné, Monsieur, avant de travailler au grand Labeur de Voltaire, au moins dix mille écus; & ce petit tour de passe passe est encore digne de *Figaro*.

L'on m'a assuré, Monsieur, que

vous portiez si loin la délicatesse sur cet objet, que vous auriez imprimé, avec ces mêmes caracteres de *Baskerville* jusqu'à des étiquettes pour les Parfumeurs, si on vous en eût présentées. C'est ainsi que les plus beaux établissements dégénerent & s'abâtardissent, lorsqu'ils sont confiés à des hommes plus avides d'argent que de gloire, qui ne connoissent pas plus l'Art Typographique, que tous les personnages ensemble de *Figaro* ne connoissent les loix de l'honneur.

Une objection, Monsieur, que je dois parer, & sur laquelle, sans doute, vous ne manquerez pas de vous replier, c'est l'allégation puérile de votre Directeur, ou, si mieux l'aimez, de votre Commis *ad hoc*. Permettez-moi, Monsieur, de faire ici une seule question : je vous demande si c'est du bâton, *verd ou sec*, dont je dois me plaindre, ou du bras nerveux de celui qui en dirige les coups sur la *moéle épiniere* de quelque nouveau *Bazile* ?

Afin de mieux appâter le Lecteur, vous avez jugé convenable d'insérer, dans votre Prospectus, que vous étiez l'unique possesseur du véritable secret de l'encre de *Baskervile*. Tout le monde ignore si cet Artiste avoit en effet le secret d'une encre particuliere & supérieure à toutes les autres ; mais ce dont on est sûr, c'est que vous n'en avez jamais fait usage, & qu'après avoir inutilement tenté, par des expériences réitérées, les moyens de former un vernis semblable à celui de l'Imprimeur Anglais, vous vous êtes vu dans la triste nécessité de vous servir de l'encre de Paris, qui, mélangée avec le reste des anciennes & mauvaises encres de Kehl, met à chacun de vos volumes un prix inestimable, & vous mérite une nouvelle considération parmi les gens de l'Art : *Experto crede Roberto.*

Si je ne me trompe, je crois vous avoir entendu dire, Monsieur, précisément dans le temps où des Emissaires à votre dévotion recrutoient à Paris des Typographes, que vous vouliez porter l'Art de l'Imprimerie au plus haut degré de perfection possible. Q'est-il arrivé ? Ce qui arrive tous les jours. *Lorsque les gens d'un état veulent se mêler de juger ceux d'un autre, on ne voit qu'inepties imprimées* (*).

Vous voilà, Monsieur, dans le même cas : *Ex ore tuo te judico, serve nequam.* . . . . .

Vous avez la rage absurde de vouloir toujours vous mêler de choses auxquelles vous n'entendez rien, & vous tombez toujours dans des *inepties* que l'on pardonneroit à peine à un apprentif de six mois.

Vous, Monsieur, vous qui sembliez être né pour réformer les abus, comment n'avez-vous pas

―――――――――

(*) Propres expressions de Monsieur de Beaumarchais, insérées dans le Journal de Paris du 7 Mars 1785.

senti qu'en voulant exciter quelquefois l'admiration, on se rend digne d'un juste mépris. Vous vouliez éclipser toutes les presses Françaises & étrangeres. *Les Didot, les Pierre, les Barbou, les Moutard*, ne devoient être que des Embrions Typographiques, en comparaison de l'immortel, du doct, du savant Beaumarchais. *O vanitas!* Non, je me trompe; c'est ici le lieu d'employer le bon mot d'Horace: *Auri sacra fames.*

Il est probable, Monsieur, que si vous aviez été assez heureux, pour accoucher de quelques idées nouvelles rélativement à nos Types & au Manuel Typographique, les monumens de notre reconnoissance auroient été déposés dans toutes les

Bibliothequespubliques. Les Chambres Syndicales, les Cabinets des curieux auroient retenti du nom célebre de *Caron de Beaumarchais*. Ne prenez pas ceci, Monfieur, pour une plaifanterie : plufieurs chemins conduifent à l'immortalité. Vous favez qu'Eroftrate mit le feu au Temple d'Ephèfe pour y parvenir, & que, malgré l'Edit des Archontes, qui défendoit de prononcer fon nom, ce monftre n'a que trop réuffi à éternifer fa mémoire.

Pardonnez-moi, Monfieur, fi je me fuis écarté de mon texte, par cette courte digreffion. Je le reprends, & je dis : Le fort de votre fuperbe édition, Monfieur, eft de ne rien offrir d'uniforme même dans les chofes les plus faciles à affortir.
J'ajoute

J'ajoute encore : Indépendamment du papier, qui offre des différences sensibles d'une feuille à l'autre, il n'y a pas un seul volume qui ne présente, aux yeux des connoisseurs, des disparates tout-à-fait étranges.

La maniere d'orthographier; celle de ponctuer; l'emploi des capitales, autrement dit majuscules, tout est tronqué; rien n'est analogue aux principes reçus & à la langue écrite.

Entr'autres variations sans nombre, l'on trouve, dans plusieurs volumes, les mots *de Voltaire* imprimés ainsi en lettres italiques. Dans d'autres, souvent dans les mêmes, le *de* est romain, & Voltaire est en lettres italiques. L'on trouve un même mot, dans le même cas, commencer par une lettre majufcule dans un endroit, & par une lettre dite du bas dans un autre. Plus loin, l'on voit la qualité fuivre le nom fans virgule; & ailleurs, féparée du nom par la ponctuation d'ufage. Ici, les *&c.* font précédés d'une virgule; là, ils fuivent le dernier mot, fans aucune ponctuation.

La conjonction déclarative, *c'eſt-à-dire*, a été mife, pendant un temps, entre deux virgules, comme c'eft l'ufage; mais une nouvelle infomnie du Commis *ad hoc*, lui a infpiré l'idée fublime de retrancher la feconde, & de laiffer, par ce moyen, à l'Académie des Sciences, un nouvel échantillon de fa nouvelle doctrine.

Ce qui m'étonne, Monsieur, c'est qu'étant phisiquement certain que toutes les épreuves vous parvenoient, avant de les mettre sous presse, vous n'ayez pas obvié à des inconséquences qui, sans être absolument repréhensibles, décelent pourtant votre turpitude, & couvrent l'Auteur de *Figaro*, ce restaurateur du langage Français, d'un ridicule impardonnable.

Il faut pourtant vous rendre justice, Monsieur, les fautes que l'on nomme typographiques, ne sont pas en grand nombre dans votre brillante Edition ; mais il y en a beaucoup plus qu'on ne devoit en trouver. Pour ne laisser rien à desirer, vous aviez assemblé, disiez-vous, tout ce qu'il y avoit d'hommes célebres dans toutes les parties. Avec un tel secours, il étoit aisé, ce me semble, d'atteindre au point de perfection où votre noble ambition se proposoit d'aboutir.

Il est constant, Monsieur, que vous n'avez employé jusqu'ici aucun des moyens mis en usage par *Baskerville*, pour donner à votre Edition ce degré de supériorité qui, selon vous, Monsieur, devoit la rendre si *recommandable*. Elle n'aura pas même le mérite des Ouvrages ordinaires un peu soignés, imprimés chez *Barbou* où chez *Pierre*, avec les caracteres de *Fournier* le jeune. La beauté du papier, la taille des caracteres, la délicatesse des traits & déliés, tout cela pourra bien donner quelque éclat à votre

Collection; mais elle est bien éloignée de cette perfection en tout genre que vous aviez promise, & dont elle étoit susceptible.

Je ne finirois point, Monsieur, si je voulois citer toutes les défectuosités qui se rencontrent dans les volumes dont vous venez d'enrichir le public. Leur impression offre aux yeux de tout le monde, des inégalités sensibles, qui défigurent en partie, ce monument durable, créé pour illustrer le siecle.

Le seul reproche, Monsieur, que vous ayez à vous faire, c'est de n'avoir pas présidé vous-même à l'exécution d'un tel labeur. Vous aviez le titre de Directeur-Général de la soi-disante Compagnie; mais pour le mériter, il falloit au moins en exercer les fonctions, sans les abandonner au caprice d'un Despote orgueilleux, qui, en dépit du bon sens, de la regle & de l'usage, vouloit tout diriger à sa fantaisie.

Lorsqu'on joint à l'entêtement le ton du mépris le plus humiliant, il arrive que ceux qui pourroient contribuer par leur savoir, à la perfection d'un Ouvrage quelconque, abandonnent bientôt les lieux, & vont chercher à se concilier ailleurs l'estime due à leurs talents & à leur conduite.

Tous les ouvriers de France, de Suisse & d'Allemagne peuvent se flatter, Monsieur, d'avoir mis la main à l'Ouvrage que vous jugiez digne d'un autre sort. Ceux qui coûtoient peu, & qui pensoient encore moins, étoient les mieux accueillis. N'auroit-il pas été plaisant, en effet, qu'ils eussent eu des idées ? c'étoit de leurs bras dont on avoit besoin, & non pas de leurs têtes. Celle du Commis-Directeur suffisoit pour tous : c'étoit l'*omnis homo*. Il avoit la science infuse.

Je ne pousserai pas plus loin, Monsieur, mes justes réflexions, dans la crainte de vous déplaire. J'ajouterai seulement que vos soixante volumes *in-Octavo*, que vous portez à la somme de quinze louis, sans y comprendre les figures, sont trop chers de moitié, & qu'en rendant à chacun de vos Souscripteurs au moins six louis, vous déchargerez votre conscience d'un poids qui doit la fatiguer.

Tels sont les sentiments de celui qui vous souhaite autant de bonheur que vos zélés partisans vous trouvent digne, Monsieur, de véritable gloire.

P.. P....., C........,
c.-d..... I..........
L........, à K.....

FIN.

www.ingramcontent.com/pod-product-compliance
Lightning Source LLC
LaVergne TN
LVHW050630090426
835512LV00007B/766